¡AYÚDENME, SIENTO DESÁNIMO!

∞

**¡Venciendo las batallas emocionales
con el poder de la Palabra de Dios!**

JOYCE MEYER

A STRANG COMPANY

¡AYÚDENME, SIENTO DESÁNIMO!
por Joyce Meyer
Publicado por Casa Creación
Una compañía de Strang Communications
600 Rinehart Road
Lake Mary, Florida 32746
www.casacreacion.com

A menos que se indique lo contrario, todos los textos
bíblicos han sido tomados de la Versión Reina-Valera
de 1960.

Originalmente publicado en íngles por Harrison House,
Tulsa, Oklahoma, EE.UU., bajo el título *Help Me, I'm
Discouraged!* Copyright © 1998 por Joyce Meyer
Life In The Word, Inc.
Fenton, Missouri

Disponible en otros idiomas a través de:
Access Sales International (ASI)
P.O. Box 700143
Tulsa, Oklahoma 74170-0143, EE.UU.
FAX 918-496-2822

Contenido

Introducción

Todos hemos estado desanimados en algún momento u otro. Es más, no me sorprendería saber que todos atravesamos alguna clase de desánimo durante el transcurso de una semana. Nos *animamos* cuando pensamos que algo va a suceder de cierta manera, y nos *des*animamos cuando no sucede así.

La decepción que no es enfrentada y atendida se convierte en desánimo. Si nos mantenemos desanimados por mucho tiempo podemos llegar a sentirnos desolados, y la desolación nos deja incapaces de manejar nuestra situación.

Muchos cristianos desolados están tendidos a la orilla de la carretera de la vida porque no han aprendido a controlar la decepción. La desolación que sienten posiblemente comenzó con una decepción pequeña que nunca fue atendida.

Jesús sano a todos los que estaban oprimidos por el enemigo, (Hechos 10:38). La voluntad de Dios no es que vivamos decepcionados, desolados o oprimidos. Cuando nos decepcionamos, tenemos que aprender a ser "re-animados" para evitar el desánimo y la desolación.

Cuando desde un principio aprendemos a poner nuestra confianza y esperanza en Jesús, nuestra Roca (1 Corintios 10:4) y a resistir al diablo, entonces vamos a poder vivir en el gozo y la paz del Señor, libres del desánimo.

Nota de los editores: En las referencias bíblicas aparecen notas entre paréntesis y corchetes. Estas son notas y explicaciones de la autora y no son referencias bíblicas.

Parte I

Libres de la opresión

I

Mayor es el que vive en nosotros

Cómo Dios ungió con el Espíritu
Santo y con poder a Jesús de Naza-
ret, y cómo éste anduvo haciendo
bienes y sanando a todos los oprimidos por el diablo, porque Dios
estaba con él.

Hechos 10:38

I

∞

Mayor es el que vive en nosotros

Pudiéramos decir que el llamado de Jesús — Su "trabajo" — durante Su ministerio en la tierra, era el caminar bajo la unción del Espíritu Santo que estaba sobre Él, y liberar a todos los que estaban oprimidos por el enemigo. Ese poder está hoy disponible para nosotros. No es la voluntad de Dios que sus hijos estén acosados u oprimidos, el poder de Jesús esta disponible hoy día para librarnos de la opresión.

De acuerdo al diccionario, el oprimir es "presionar con fuerza sobre", especialmente "como para deprimir la mente o el espíritu". Otros significados son aplastar o abrumar, presionar hacia abajo.

Creo que el enemigo, Satanás, puede

oprimir no tan sólo la mente y el espíritu, pero cualquier otra parte de nuestro ser, incluyendo el cuerpo y el alma. A veces lo logra sin nosotros saber que es lo que nos molesta específicamente.

Todos hemos tenidos cargas pesadas en nuestras vidas. Muchos hemos experimentado opresión al nivel de que se nos hace difícil pensar y hacer decisiones. En otras ocasiones hemos estado físicamente oprimidos.

Tenemos que tener en cuenta que en muchas ocasiones Satanás intentara de oprimir diferentes partes de nuestro ser, de diferentes maneras y por diferentes razones. Pero, tenemos el poder a nuestra disposición, por medio de Jesús, de ser agresivos en contra del enemigo. Si no somos agresivos contra él, él será agresivo contra nosotros.

Aunque el enemigo es la raíz de toda maldad, hay cosas que hacemos en la carne que nos harán sentir abrumados o nos traerán pesadez. Nos podemos sentir abrumados al no enfrentar problemas pequeños según se presentan. Las personas envueltas en el chisme, quejas y murmuración pueden experimentar un gran sentido de pesadez.

Para sentirnos inspirados, hasta el punto de sentirnos como una fuente de agua viva fluyendo de nosotros, tenemos que resistir al diablo que trata de oprimirnos en todas sus formas. Pero, además debemos aprender a rechazar la opresión y la depresión que muchas veces nos tiramos arriba nosotros mismos. Más importante aún, tenemos que enfrentar agresivamente las cosas que Dios nos pide hacer. Cuando obedecemos a Dios, emprenderemos proyectos difíciles. Pero el Señor nos da Su Espíritu, que trabajara poderosamente en nosotros para permitirnos hacer lo que Él nos ha pedido.

El diccionario dice que ser agresivo es iniciar una acción esforzada, ser energético o audazmente enérgico. Tambiéen significa "emprendedor", lo cual se puede traducir a imaginativo.

El poder del hombre para imaginar no fue creado por Dios para ser una cosa malvada o perversa. La imaginación creativa del hombre es la que continúa creando nuevas ideas y adelantando procesos con ideas innovadoras. Piense cuan creativo tenía que ser Adán (antes de pecar) para poder nombrar a todos los animales. ¡A algunos de nosotros se nos hace difícil pensar en un nombre para nuestras mascotas! ¡Adán tuvo que pensar en nombres para todos los animales del mundo!

Dirigidos por el Espíritu

El seguir la dirección del Espíritu Santo y

permitir que el fruto del Espíritu (Gálatas 5:22,23) se manifieste en nuestras vidas indica que somos pioneros e innovadores. Somos personas que tenemos la habilidad para expresar el poder creativo de Dios que está dentro de nosotros. Muchas personas están aburridas porque están en un estado "oprimido" en vez de estar en un estado "agresivo y divino". El aburrimiento es eliminado cuando usamos la creatividad que Dios nos ha dado.

Algunos de nosotros naturalmente somos más creativos, imaginativos, innovadores y agresivos que otros. Pero cada uno de nosotros puede usar la creatividad, la imaginación, la innovación y la agresión que Dios ha puesto en nosotros para hacer nuestras vidas más agradables, productivas y gratas.

En vez de esperar que algo nos caiga del cielo, nosotros tenemos el talento para iniciarlo. Por ejemplo, en ves de esperar que otros sean amistosos, nosotros podemos iniciar la amistad.

Mantenga huyendo al enemigo

El enemigo nos miente, (Juan 8:44). Si no somos agresivos contra él y dejamos de creer sus mentiras, él arruinará nuestra vida. Él anda alrededor *como* un león rugiente, (1 Pedro 5:8), pero *tenemos* el León de Judá, Jesús, *dentro* de nosotros. ¡Nosotros somos los que debemos estar rugiendo!

Cuando el enemigo se acerca a nosotros, debemos mantenernos espiritualmente afinados hasta el punto de poder ver lo que está tramando y lograr frenarlo. Ese proceso debe tomar solo algunos segundos.

El enemigo siempre se acerca en contra de nosotros. Mientras retrocedemos, él sigue acelerando. Si damos un paso contra él — con la autoridad que Jesús nos ha dado — él enemigo va a retroceder.

Tenemos que seguir amparándonos en nuestra autoridad sobre el diablo. Si dejamos de hacerlo, él comenzara moviéndose en contra de nosotros, echándonos hacia atrás. El enemigo es un mentiroso, un déspota, un fanfarrón y un engañador. Él viene *como* un león, pero no es un león. Nosotros los creyentes tenemos el poder de Aquel que está en nosotros. "Mayor es el que está en vosotros, que el que está en el mundo," (1 Juan 4:4).

Debemos conocer la Biblia a tal grado que en el momento que un pensamiento que no se alinea con la Palabra, entre en nuestra mente podamos decirle al diablo, "¡*Mentiroso*! No, no te escucho."

Puede pasar su vida retrocediendo y escondiéndose del enemigo, o esforzándolo a que él retroceda.

Escoga la vida

> A los cielos y a la tierra llamo por
> testigos hoy contra vosotros, que os
> he puesto delante la vida y la
> muerte, la bendición y la maldi-
> ción; escoge, pues, la vida, para
> que vivas tú y tu descendencia.
> *Deuteronomio 30:19*

El gozo y la felicidad no provienen de nuestros alrededores. Vienen de adentro. Son una
decisión consciente, una elección deliberada,
una que hacemos cada día que vivimos.

En nuestro ministerio hay una mujer joven
trabajando para nosotros que tiene muchas
cosas en su vida que desea cambiar. Pero a
pesar de esos retos, ella se siente feliz y gozosa.

Esta mujer joven está llena de felicidad y
gozo no porque no tiene problemas, pero porque ha tomado la decisión de gozar de la vida
y de trabajar aun en medio de la adversidad.

Cada día ella se enfrenta a una decisión:
estar llena de miseria o estar llena del gozo del
Señor.

Esa es la misma decisión que cada uno
de nosotros enfrentamos cada día de nuestras
vidas.

O escogemos escuchar pasivamente al enemigo y permitir que él arruine nuestras vidas y nos haga sentir miserables o escogemos resistirlo agresivamente para poder vivir en la plenitud que Dios ha provisto para nosotros mediante Su Hijo Jesucristo.

De todos modos nos vamos al cielo. ¿Pero queremos ir al cielo y descubrir todo la diversión que hubiésemos podido tener en el camino? Vamos a escoger la vida ahora y gozar la vida en la manera que Dios desea.

2

Velad y orad

Velad y orad, para que no entréis
en tentación; el espíritu a la verdad
está dispuesto, pero la carne es
débil.

Mateo 26:41

2

∞

Velad y orad

Suponga que su casa esta rodeada por agentes del enemigo y en cualquier minuto ellos romperán la puerta y atacaran. ¿No se aseguraría que su familia este alerta y consciente del peligro?

En este versículo, Jesús nos dice que nos debemos despertar, dar atención estricta, ser cauteloso y velad y orad.

Como creyentes, debemos estar siempre en alerta, activos y atentos. Entonces, si necesario, debemos de estar listos para tomar armas en contra del ataque del enemigo.

Sea un luchador

Pela la buena batalla de la fe...
1 Timoteo 6:12

El ser agresivo es ser luchador. Así como el apóstol Pablo había dicho que peleó la buena batalla de fe, (2 Timoteo 4:7), así él instruye a su discípulo Timoteo a pelear la buena batalla de fe. De esa misma manera usted y yo debemos luchar diariamente la buena batalla de fe. Debemos aprender a luchar contra los enemigos espirituales en lugares altos, en nuestra mente y en nuestro corazón.

Un aspecto de pelear la buena batalla de fe es aprender a ser capaces de reconocer al enemigo, reconociendo cuando las cosas están normales y cuando andan mal.

Le doy un ejemplo.

Hace algún tiempo fui parte de una conversación con cierto individuo. Mientras escuchaba a esa persona, una gran confusión comenzó a llenar mi mento. Me di cuenta que esto sucedía cada vez que hablaba con esta persona.

Usualmente, salía pensando, "¿Qué pasa? No entiendo por qué sucede esto." Lo cierto es que no me sentía cómoda con esa persona.

Al pensar más en el asunto, comencé a reconocer el problema. Cada vez que hablaba con esta persona yo comenzaba a preocuparme si estaba malinterpretando algo que le había dicho.

La próxima vez que nos reunimos, me sentí otra vez de esa manera. Pero esta vez fui más agresiva. Me detuve y ore, "En el nombre de Jesucristo, tomó autoridad sobre este espíritu. No voy a preocuparme. Si esta persona no le gusta lo que yo diga, eso entre él y Dios. Tengo que estar libre. No puedo pasar toda mi vida basando mis decisiones en lo que todo el mundo va a pensar. Satanás, no voy a tener esta preocupación. ¡En el nombre de Jesús, se acabó!"

Tome mi posición y la libertad llegó. Mientras estuve pasiva, Satanás me atormentaba.

Ese es nuestro problema, somos muy pasivos. Casi nunca hacemos algo en contra del enemigo cuando él se nos acerca con temor, preocupación, duda y culpabilidad. Retrocedemos a una esquina y dejamos que él nos atropelle.

No fuimos creados para ser un saco de golpes para el diablo; al contrario, somos luchadores y debemos golpearlo a él como un saco.

El diablo quiere que luchemos en lo natural con todos a nuestro alrededor. Pero Dios quiere que nos olvidemos de toda la basura que Satanás agita dentro de nosotros para que nos irritemos en contra de otras personas. Él quiere que luchemos en contra de los enemigos espirituales que tratan de luchar sobre nuestras vidas y robar nuestra paz y gozo.

¿Qué es normal?

> Porque donde hay celos y contención, allí hay perturbación y toda obra perversa. 17 Pero la sabiduría que es de lo alto es primeramente pura, después pacífica, amable, benigna, llena de misericordia y de buenos frutos, sin incertidumbre ni hipocresía.
>
> *Santiago 3:16, 17*

La confusión no es un estado natural para el creyente, eso no es lo que Dios quiere. Necesitamos atacar la confusión cada vez que llene nuestro ser.

Pero muy a menudo seguimos pensando que algo esta mal con nosotros en lugar de entender que el problema es que estamos bajo ataque del enemigo.

Otro error que cometemos es tratar de resolverlo todo en vez de velar y orar como Jesús nos ordenó.

Debemos velar y orar cada vez que comencemos a sentirnos fuera de lo normal, ya sea oprimido o pesado de corazón. Asi es como uno aprende a orar sin cesar, (1 Tesalonicenses

5:17). Debemos estar listos para orar a cualquier hora que haya urgencia de hacerlo.

Pero, ¿qué es normal para el creyente? Para responder a esto demos analizar lo que no es normal.

La preocupación no es normal. No es normal estar atormentado por el razonamiento excesivo, tratando de resolver todas las cosas de las cuales no tenemos control. No es normal ser acosado por pensamientos de lo que todos piensan de nosotros. No es normal sentirse deprimido, cargado, y pensar que no vales nada. No es normal sentirnos que somos un fracaso.

Estas cosas pueden ser normales para otras personas pero Díos nunca pretendió que esto fuera lo normal. El nunca pretendió que la vida fuera así — que viviéramos en un estado de confusión constante o atormentados por nuestros pensamientos.

Cuando estos pensamientos vienen sobre nosotros, debemos reconocerlos por lo que son — mentiras del enemigo.

En su libro, *El hombre espiritual*, Watchman Nee dice que en esas situaciones: "El espíritu debe de estar en un estado de perfecta libertad. Siempre debe de estar liviano como flotando sobre el aire... un cristiano debe entender cuales son las cargas que pesan sobre su espíritu.

Muchas veces se siente como una opresión, como si mil libras estuvieran sobre su pecho. Es usado por el enemigo para acosar lo espiritual, para privarlo del gozo, como también para incapacitar a su espíritu de poder trabajar con el Espíritu Santo... Un espíritu libre es la base de la victoria... Cuando el espíritu sufre opresión la mente no puede funcionar adecuadamente..".

Todas nuestras partes trabajan juntas. Necesitamos mantenernos en un estado de libertad y de normalidad. Para lograr eso necesitamos mantenernos bajo el liderazgo del Señor Jesucristo.

El señorío de Cristo

> Derribando argumentos y toda altivez que se levanta contra el conocimiento de Dios, y llevando cautivo todo pensamiento a la obediencia a Cristo.
>
> *2 Corintios 10:5*

El Señor nos dará la victoria sobre el enemigo, pero lo hará únicamente si clamamos a Él y le preguntemos que intervenga en nuestro problema.

Nada va a cambiar en nuestra situación si todo lo que hacemos es sentarnos y desear que las cosas cambien. Tenemos que tomar acción.

El Señor es capaz y esta listo y dispuesto para ayudar a Su Pueblo a superar la pasividad, la apatía, la pereza, el letargo y las dilaciones — todas esas cosas que nos arrastran hacia la depresión, el desánimo y la desesperación. Pero nosotros tenemos una parte que jugar en esto.

No somos personas llamados a funcionar de acuerdo a como nos sentimos. Somos personas llamadas a tomar la Palabra de Dios y aplicarla diariamente a nuestras vidas. Pero para hacerlo, tenemos que mantenernos espiritualmente en alerta — en todo momento.

3

Seis cosas que debemos hacer agresivamente

Desde los días de Juan el Bautista hasta ahora, el reino de los cielos sufre violencia, y los violentos lo arrebatan.

Mateo 11:12

3

∞

Seis cosas que debemos hacer agresivamente

Necesitamos tomar el Reino de Dios — justicia, paz y gozo (Romanos 14:17) — por fuerza. Al momento de sentirnos decepcionados, debemos detener agresivamente al enemigo.

Mis años en el ministerio, al igual que mi propio andar como cristiana, me han enseñado que hay seis cosas que necesitamos hacer agresivamente.

1. *Pensar agresivamente.*

   ¿O qué rey, al marchar a la guerra contra otro rey, no se sienta primero y considera si puede hacer frente con diez mil al que viene contra él con veinte mil?

Lucas 14:31

Un general que se prepara para la batalla piensa mucho. Él planifica y calcula cómo derrotar al enemigo con el menor riesgo a él y a su ejercito.

Usted y yo tenemos que hacer lo mismo en nuestra lucha espiritual asi como también en la vida diaria.

Tenemos que pensar, "¿Cómo puedo pagar mis deudas? ¿Cómo puedo limpiar mi casa? ¿Cómo puedo proveer mejor para mi familia?"

Pero también tenemos que pensar, "¿Cómo puedo alcanzar más personas a través de mi ministerio? ¿Cómo puedo ayudar a mis vecinos y mostrarles el amor de Cristo? ¿Cómo puedo ser de bendición a los pobres? ¿Cómo puedo darle más a Dios?"

Piénselo. Pregúntese como puede estar más envuelto y activo en el trabajo del Señor.

Por supuesto, si tiene una familia esa debe ser su primera prioridad y responsabilidad. Si tiene niños pequeños debe asegurarse que sus prioridades están en orden. Necesitas pasar bastante tiempo con ellos, especialmente durante sus años de formación.

Pero a veces es posible manejar un ministerio y una familia. Yo lo he hecho por años. Comencé mi ministerio, Life In The Word

(Vida en la Palabra), cuando mi hijo tenía solo un año de edad.

Si usted está llamado por Dios a hacer algo y desea hacerlo verdaderamente, no importa lo imposible que crea que es lo que quiere hacer — usted podrá hacerlo. Piensa creativamente. No te sientes deseando hacer algo más. Tome la iniciativa y de el primer paso.

¡Piense agresivamente!

2. *Orar agresivamente.*

> Acerquémonos, pues, confiadamente al trono de la gracia, para alcanzar misericordia y hallar gracia para el oportuno socorro.
>
> *Hebreos 4:16*

¿Cómo hemos de acercarnos al trono de Dios? Sin temor, confiados y con audacia.

¡Eso quiere decir agresivamente!

No debemos ser timidos ni sentir verguenza al acercarnos a Dios. Podemos presentarnos con confianza y decirle lo que necesitamos. Podemos decirle que estamos esperando que Él haga lo que nos ha prometido en Su Palabra.

En Efesios 3:20 se nos dice que Dios es capaz de "...hacer todas las cosas mucho más abundantemente de lo que pedimos o entendemos".

Note que dice "mucho más... de lo que entendemos". Necesitamos ser cristianos con denuedo, seguros, intrépidos y agresivos.

Cuando se acerque al trono de Dios, hágalo con denuedo y agresividad.

3. *Hablar agresivamente.*

> Si alguno habla, hable conforme a
> las palabras de Dios...
>
> *1 Pedro 4:11*

Como hijos de Dios, nosotros debemos de tener una voz agresiva.

Claro, que cuando hablo de agresividad, no estoy hablando de ser agresivo en la carne. Estoy hablando de ser agresivo en contra de las fuerzas del enemigo.

Déjeme darle un ejemplo:

En un lugar la Biblia nos enseña que tenemos que ser mansos como una paloma (Mateo 10:16), pero en otro lugar nos dice que seamos audaces como un león. Yo tuve dificultad en reconciliar estas dos imágenes.

Entonces pensé en una persona que esta en su trabajo cuando su jefe, que no es cristiano, se le acerca y le llama la atención por algo que no es su culpa. El empleado sabe que si responde puede perder su trabajo, así que no dice nada, esperando que el Señor lo vindique.

Aunque él es manso como una paloma por fuera, por dentro él es valiente como un león.

De la misma manera, habrán ocasiones en las que usted y yo tendremos que ser pasivos por fuera pero agresivos en el espíritu. Podemos permitir que las palabras fuertes sean dirigidas hacia nosotros, pero no tenemos que recibir esas palabras espiritualmente.

Podemos rehusar el caer en condenación. Podemos orar en el espíritu mientras somos asaltados en la carne.

Entonces, al salir de esa situación podemos hablar agresivamente por nuestra boca, tomando autoridad sobre los enemigos espirituales que están trayendo ese abuso en contra de nosotros.

Cuando alguien viene en contra de mí en la carne, inmediatamente comienzo a orar en el Espíritu. Sé que no tengo que recibir ese abuso, así que me protejo espiritualmente.

Por años les permití a otros que descargaran su basura sobre mí. Luego trataba de soltar la carga en mis propias fuerzas — en la carne. Con el tiempo aprendí que ninguna de estas tácticas funcionan. Desde entonces descubrí lo que sí funciona.

Aprendí a las duras que no luchamos contra sangre ni carne pero contra principados, potestades y huestes espirituales en lugares altos. Así que he aprendido a cómo luchar una guerra espiritual.

Usted tiene que aprender a hacer lo mismo. Debe ser manso como la paloma y valiente como el león. Desarrolle una voz agresiva.

Cuando hable a la gente, no deje que su cabeza se caiga, ni habla en voz baja. No se queje o hables entre los dientes. Párese derecho, mire a las personas a los ojos, hable positivamente — con claridad y denuedo. Artícule sus pensamientos con firmeza y haga que otros le entiendan.

No sea evasivo, inseguro e incierto. Sea lo suficientemente valiente para abrir su boca y decir con confianza y seguridad lo que tiene que decir. Si va a cantar y a adorar a Dios entonces hágalo agresivamente.

Cuando abra su boca para decir algo, hágalo como si estuviera hablando como el oráculo de Dios. Hágalo con entusiasmo, gozo, gracia y agresivamente.

4. *Dar agresivamente.*

> Dad, y se os dará; medida buena, apretada, remecida y rebosando darán en vuestro regazo; porque con la misma medida con que medís, os volverán a medir.
>
> *Lucas 6:38*

Cuando usted y yo vamos a dar, debemos hacerlo generosamente y agresivamente. Porque en la manera en que damos, recibimos.

Cuando mira en su cartera o billetera, no debe de sacar el billete más pequeño que encuentre. Al contrario, debe dar como Dios da — abundantemente.

Ahora comprendo que ninguna ofrenda es muy pequeña y ninguna es muy grande. Pero, a pesar de eso debemos aprender a ser tan agresivos en nuestro dar como lo somos en otros aspectos de nuestra vida.

Yo busco las formas para poder dar más y más. Deseo dar todo el tiempo.

Una vez estuve en una librería cristiana y vi una cajita pequeña de ofrenda para uno de esos ministerios que alimenta a niños necesitados. Había un letrero que decía, *Por 50 centavos dos niños pueden comer por dos días.*

Comencé a abrir mi cartera para dar un donativo cuando una voz dentro de mi me dijo, "no tienes que hacer eso, tu siempre estas dando."

¡Inmediatamente me puse violenta — espiritualmente violenta! Nadie podía reconocerlo al verme, pero estaba agitada en mi interior. Metí mi mano en la billetera, saque dinero y lo puse en la cajita para probarle al enemigo que puedo dar como un acto de mi libre albedrío y mi propia voluntad.

Usted puede hacer lo mismo. ¡Cuando este tentado a no dar, de más! ¡Enséñele al enemigo que usted es un dador agresivo!

5. *Trabajar agresivamente.*

> Todo lo que te viniere a la mano para hacer, hazlo según tus fuerzas...
> *Eclesiastés 9:10*

A lo que pongamos nuestras manos debemos hacerlo agresivamente.

No debe enfrentarse con desaliento a las tareas en su vida. En otras palabras no haga las cosas de malas ganas o deseando poder escapar de sus responsabilidades. Acuda al Espíritu Santo y declare fuertemente, "Este es el trabajo que me ha dado el Señor y con la ayuda del Espíritu Santo lo voy hacer con todas mis fuerzas para la gloria de Dios."

6. *Amar agresivamente.*

> Este es mi mandamiento: Que os améis unos a otros, como yo os he amado. Nadie tiene mayor amor que este, que uno ponga su vida por sus amigos.
> *Juan 15:12,13*

Como hijos de Dios, tenemos que amar a otros como Dios nos ama a nosotros. Eso significa agresivamente — sacrificadamente.

El amor es un esfuerzo. Nunca amaremos a alguien si no estamos dispuestos a pagar el precio.

Una vez le regale a una mujer un hermoso par de aretes. Todo mi ser deseaba quería quedarse con ellos; pero mi espíritu me dijo que debía ser obediente al Señor y se los regale.

Después esa mujer se puso de pie en una reunión y dio el testimonio de como le habían regalado esos aretes que estaba usando. Dijo que eran un "regalo gratis".

El Señor me hablo y me dijo, "Sí, fue un regalo gratis para ella, pero te costo a ti. De la misma forma, la salvación es un regalo gratis, pero le costo la vida a Jesús."

El amor es el regalo más grande de todos. ¡Cuando usted muestre el amor de Dios, hágalo con libertad, con sacrificio — y agresivamente!

4

Enfrentándose a la decepción

4

∞

Enfrentándose a la decepción

De acuerdo al diccionario, *decepcionar* significa, "fallar en satisfacer la esperanza, deseo o expectación de".

En otras palabras, nos decepcionamos cuando deseamos o estamos en la expectativa de algo que no se hace realidad.

Ninguno de nosotros llegará a un lugar en nuestra vida donde no tengamos decepciones. Nadie tiene tanta fe. La decepción es un hecho de la vida, algo que tenemos que enfrentar y resolver porque nos puede llevar al desánimo, lo cual nos lleva a la desolación.

A menudo muchas personas terminan desoladas y no entienden el porqué. No entienden que el problema comenzó con la decepción, y puede conducir a problemas serios más adelante.

Hágale caso a las señales

Si me levanto por la mañana con toz, dolor de garganta y dolor de cabeza puedo reconocer que son síntomas de catarro. He encontrado que muchas veces me adelanto a la enfermedad y logro vencerla cuando oro, tomo un poco más de vitamina C y A, y descanso.

La enfermedad muchas veces viene acompañada por síntomas de advertencia — señales de que algo no esta bien y necesita ser atendido antes que se ponga peor.

Él desánimo funciona de la misma manera. También es precedido por señales que revelan que tenemos que tomar acción agresivamente en contra de los síntomas que sentimos.

Como hemos dicho, al momento de detectar las primeras señales de que Satanás nos está atacando, tenemos que resistirlo. Es mucho más efectivo hacer algo al respecto desde el primer momento en que nos sentimos decepcionados y no esperar a estar en las profundidades de la depresión y la desolación.

Todos sabemos que es más fácil perdonar a alguien que nos ha hecho el mal inmediatamente después de la ofensa, a esperar a perdonar a esa persona después que le hemos dado tiempo al diablo para trabajar y hacernos sentir airados, amargos y duros de corazón.

Así es también con la decepción. Es más fácil y más efectivo manejar inmediatamente la decepción que esperar a que se convierta en desánimo, depresión y desolación.

La causa de la decepción

Suponga que usted planifique una comida en el campo, una barbacoa, u otra actividad en un parque, como una boda — y llueva.

Ha invitado a toda su familia y amigos, ha hecho preparativos elaborados, y ha invertido mucho esfuerzo, tiempo y dinero para asegurarse de que todo este perfecto. Entonces comienza a llover y el resultado es que todo termina mojado.

Eso es una decepción. Pero es una decepción pequeña, una que se puede sobrevivir.

He aprendido que en momentos así lo mejor es no ponerme nerviosa, pero sí decir, "Ah, bueno, eso es desalentador, pero no es el fin del mundo. Vamos a tratar de hacer lo mejor bajo las circunstancias."

Otras decepciones son más serias y potencialmente perjudiciales — especialmente si giran alrededor de personas y no de objetos inanimados, como el tiempo.

Confíe en pocos

> Pero Jesús mismo no se fiaba de
> ellos, porque conocía a todos.
> *Juan 2:24*

Además de las decepciones que todos
tenemos que vivir gracias a que la vida no es
perfecta, hay decepciones que tenemos que
sobrellevar porque las personas son imper-
fectas.

Al fin de cuentas, todas las personas, sin
importar quienes sean, nos decepcionaran si
ponemos mucha confianza en ellos. Esto no es
cínico, ni crítico, es un hecho ineludible. Por
eso no se puede confiar excesivamente en las
personas — aún en los que están más cercanas
a nosotros.

Ahora, eso puede sonar muy extraño, especialmente cuando lo escribe alguien que ha
pasado años tratando de confiar más en las
personas.

Pero como hemos visto en la vida de Jesús,
es posible confiar en las personas hasta cierto
punto sin tener que abrirnos a ellos en una
forma desbalanceada y sin sabiduría.

Como Jesús, usted y yo debemos amar a
todos, pero no es un requisito confiar en ellos
100%. Únicamente un necio hace eso. ¿Por

qué? Porque tarde o temprano, las personas nos van a fallar, como también tarde o temprano nosotros le vamos a fallar a ellos.

La falibilidad es parte de ser humano. La persona que se cuida de ella — en sí mismo y en otros — es sabia.

Se puede decir que la mejor solución para la decepción es tratar de evitarla lo más posible. Y la mejor forma de hacer eso es de ser realista con nuestras esperanzas, deseos y expectativas, especialmente en todo lo que tiene que ver con los seres humanos, incluyendo a nosotros.

> ... El hijo sabio alegra al padre,
> Pero el... necio es tristeza de su madre.
>
> *Proverbios 10:1*

Algunos hijos son una decepción para sus padres. Muchos padres y madres de hoy día piensan que sus hijos no escuchan nada de lo que ellos le dicen; que todo entra por un oído y sale por el otro.

Sé lo que es eso. Cuando mi hijo Danny estaba creciendo, él era así. Yo trataba de hablarle de algo importante, y él me miraba con una mirada en blanco como si no estuviera escuchando una palabra de lo que le decía.

Un día lo castigaron en la escuela por algo necio que hizo. Cuando le pregunte lo que hizo él encogió los hombros.

"Eso no es una respuesta," le dije. "¿Ahora dime, por qué hiciste eso?"

"No sé," dijo entre los dientes.

No importaba cuanto le cuestionaba el porqué había hecho una cosa tan tonta, su respuesta siempre era la misma, "No sé."

Así que le di un sermón acerca de la importancia de cómo uno se comporta. Le dije que tenía que prestar atención y aprender todo lo que pudiera en preparación para su vida en el futuro.

El próximo día lo envié a la escuela esperando ver un gran mejoramiento en su actitud y comportamiento. Al contrario, regreso de la escuela con una nota de su maestra que decía que Danny había tenido el peor día desde el comienzo de las clases.

Esa clase de situación causa decepción a los padres. A veces es peor según el niño va creciendo, porque esperamos más de él.

Cuan más grande sea la esperanza, el deseo y la expectación, más grande será la decepción. Aún incidentes menores pueden causar frustración y decepción amarga que nos lleva a problemas más serios si no son resueltos apropiadamente e inmediatamente.

Las zorras pequeñas echan a perder la viña

> Cazadnos las zorras, las zorras
> pequeñas, que echan a perder las
> viñas...
>
> *Cantar de Cantares 2:15*

Pequeñas desilusiones pueden crear frustración, que a la vez pueden dirigirnos a problemas grandes que pueden causar mucho daño.

Además de las grandes decepciones que ocurren cuando no se nos da una promoción, un nuevo trabajo, o la casa que queríamos, podemos sentirnos igualmente disgustados y frustrados con otra serie de molestias menores.

Por ejemplo, suponga que usted tiene una cita de almuerzo y la otra persona no llega. O suponga que hace un viaje especial al centro comercial para comprar cierto artículo en descuento, pero al llegar encuentra que se ha vendido todo el inventario. O suponga que usted se viste muy elegante para una ocasión especial y de pronto se da cuenta que hay una desgarre en el vestido.

Todas estas cosas son frustraciones pequeñas que pueden sumarse una con la otra y convertirse en algo serio. Por eso es que tenemos que aprender a mantener la perspectiva adecuada. Si no, podemos perder el control de las cosas, lo cual puede causar serios problemas cuando nos enfrentamos a un verdadero reto.

Déjeme darle un ejemplo.

Imagine que comenzó su día despertándose tarde, así que ya esta frustrado. Camino a la oficina, el tráfico le hace llegar aún más tarde de lo que esperaba.

Entonces cuando finalmente llega a su trabajo se entera de que alguien en la oficina ha estado chismeando de usted a sus espaldas.

¡Va a buscar café para calmarse y respirar profundo, pero derrama el café sobre su ropa — y como tiene una reunión importante con su jefe y no tiene tiempo para cambiarse!

Todas esas cosas se amontonan una sobra la otra y le arruinan el día.

¡Entonces, justo en ese momento recibe un informe del médico que no es lo que usted esperaba, y como si eso fuera poco su novio la llama y amenaza con romper el compromiso hace poco anunciaron al mundo entero!

¿Cuál sería su reacción más probable, tener fe o furia?

Todas esas frustraciones pequeñas como el tráfico, el chisme y el café son la base para una calamidad más grande cuando tenemos que enfrentarnos a un problema serio como una enfermedad o una relación fracasada.

Por eso es que tenemos que estar a la

defensiva en contra de las pequeñas zorras que echan a perder la viña, porque juntas pueden hacer tanto daño como las decepciones más serias.

¡Tenemos que aprender a hacer lo que hizo Pablo en el libro de los Hechos cuando la serpiente se acercó a su mano — el simplemente se sacudió la mano y la removió! (Hechos 28:1-5). Si aprendemos a lidiar con las decepciones según lleguen, no tendremos que lidiar con una montaña de desolación.

5

Confiando en Jesús

¿Por qué te abates, oh alma mía, Y te turbas dentro de mí? Espera en Dios; porque aún he de alabarle, Salvación mía y Dios mío.

Salmo 42:5

5

∞

Confiando en Jesús

Nosotros debemos tener nuestra esperanza en Dios porque no sabemos a que nos vamos a enfrentar en la vida.

En varios pasajes de la Biblia, como por ejemplo 1 Corintios 10:4, se dice que Jesús es como una roca — la Roca. El apóstol Pablo continúa diciéndonos en Colosenses 2:7 que debemos estar arraigados y sobreedificados en Él.

En ningún lugar se nos dice que debemos estar arraigados y sobreedificados en otras personas, en nuestro trabajo, en nuestra iglesia, en nuestros amigos o aún en nosotros mismos.

Estamos bien cuando ponemos nuestras raíces en la Roca, que es Jesucristo. Pero estamos en problemas si establecemos raíces en lugares como otra persona..

Nada ni nadie será tan sólido, fiable e inmovible como Jesús. Por eso es que no quiero que las personas se afinquen o pongan su fe en mi o en mi ministerio. Quiero señalar a las personas hacia Jesús. Sé que más tarde o más temprano les voy a fallar, tal como me voy a fallar a mi misma.

Ese es el problema con nosotros los seres humanos; siempre podemos fracasar.

Pero Jesucristo nunca.

Debemos arraigarnos y edificarnos en Jesús. Ponga su esperanza entera e inalterable en Él. No en los hombres, las circunstancias, la cuenta de banco, el trabajo — en nada ni nadie.

Si no pone su fe y esperanza en la Roca de su salvación, ira camino a la decepción, la cual nos lleva al desánimo y a la desolación.

Las personas tienen defectos

> Como diente roto y pie descoyuntado es la confianza en el prevaricador en tiempo de angustia.
>
> *Proverbios 25:19*

Algún tiempo atrás mi hija estaba comprometida para casarse. Se había escogido el anillo, ahorrado el dinero y la boda estaba planificada.

Poco después anunciarse el compromiso todo fue cancelado a causa de la infidelidad y la falta de honradez del novio.

Fue una situación triste, especialmente para la bella y preciosa novia que había sufrido muchas otras decepciones en su corta vida.

Pero en esta ocasión ella se le adelanto al diablo. En vez de enojarse y sentirse mal de si misma ella dijo, "Bueno, gracias a Dios que supe la clase de hombre que era antes de la boda y no después cuando sería muy tarde para hacer algo al respecto."

Yo estaba muy orgullosa de ella y complacida en la forma en que había manejado una situación tan desilusionante.

Aunque ella sabía que era mejor que sucediera antes de la boda y no después, ella todavía estaba herida. Así que su padre y yo la estimulamos, la aconsejamos, y oramos con ella.

En adición, ella comenzó a escuchar a algunos de mis cintas de enseñanza y leer libros que estimularan y levantaran el espíritu.

Ella atravesó ese momento difícil y dificultoso porque su fe y confianza no estaban en un hombre defectuoso pero en el que nunca falla Jesús. Ella se mantuvo mirándolo a Él cómo su ejemplo de perseverancia en la cara de desilusión y desaliento. Esto es lo que cada uno de nosotros necesita hacer.

Hoy en día esta casada con un maravilloso hombre y ambos trabajan en el ministerio con nosotros.

Fije sus ojos en Jesús

> Por tanto, nosotros también, teniendo en derredor nuestro tan grande nube de testigos, despojémonos de todo peso y del pecado que nos asedia, y corramos con paciencia la carrera que tenemos por delante, puestos los ojos en Jesús, el autor y consumador de la fe, el cual por el gozo puesto delante de él sufrió la cruz, menospreciando el oprobio, y se sentó a la diestra del trono de Dios. Considerad a aquel que sufrió tal contradicción de pecadores contra sí mismo, para que vuestro ánimo no se canse hasta desmayar.
>
> *Hebreos 12:1-3*

No se necesita ningún talento especial para rendirse en el camino de la vida y decir, "No camino más, me rindo". Cualquier incrédulo que no cree en Cristo puede hacer eso.

No tiene que ser un cristiano para rendirse.

Pero cuando abrazas a Jesús, o mejor dicho cuando Él lo abraza a usted, Él comienza a inyectar fuerza, energía y animo en su vida, y algo extraño y maravilloso comienza a suceder. ¡Él no lo dejara rendirse!

Usted dirá, "O, Señor déjame solo. No quiero seguir más". Pero Él no le dejara rendirse aunque usted lo quiera.

Hubo un tiempo en que yo antes quería rendirme y dejar todo. Pero ahora salgo de mi cama y comienzo cada día con animo. Comienzo mi día orando, leyendo la Biblia, proclamando la Palabra y buscando a Dios.

El diablo puede estar gritando en sus oídos, "Eso no te esta haciendo ni chispa de bien. Has estado haciendo eso por años y mira donde te ha llevado, todavía tienes problemas."

Ahí es cuando yo digo, "¡Cállate, diablo! La Biblia me dice que debo poner mis ojos en Jesús y seguir Su ejemplo. Él es mi líder y mi ejemplo. Él es mi fuente y el cumplidor de mi fe."

Eso fue lo que mi hija hizo para mantener su espíritu y seguir adelante a pesar de lo que le había sucedido. Ella hubiera podido mirar hacia atrás y pensar, "Bueno, me sucedió otra vez — más rechazo. Me paso una vez, una segunda vez y ahora me ha sucedido la tercera vez." En cambio, ella puso sus ojos en Jesús.

Usted y yo necesitamos decidir hoy que, venga lo que venga, vamos a seguir luchando y caminando hacia delante — sin importar lo que pase.

Empiece de nuevo

> Unánimes entre vosotros; no altivos, sino asociándoos con los humildes. No seáis sabios en vuestra propia opinión.
>
> *Romanos 12:16*

Recientemente he estado pensando en todo lo que el Señor ha hecho por mi durante el curso de mi vida y ministerio. Es asombroso mirar hacia atrás. Pero no siempre ha sido fácil. Hubo muchas veces cuando desesperadamente quería tirar la toalla y renunciar a todo.

He compartido con ustedes como, cuando me deprimía y me desalentaba, el Señor me decía: "Joyce, cuando se asoma el desaliento, tienes que empezar de nuevo, porque si no terminaras desanimada y luego desolada."

Por eso es que tenemos que aprender a adaptarnos y a cambiar de dirección. Eso fue lo que hizo mi hija y fue lo que la dirigió hacia una vida totalmente nueva y diferente.

Claro que eso será siempre fácil. Es más difícil sobrellevar el final de un noviazgo que un pasadia dañado por la lluvia. Pero la respuesta sigue siendo la misma, independientemente de las circunstancias que tenemos que encarar y manejar.

A menos que aprendamos a adaptarnos a buscar una nueva dirección, nunca descubriremos o disfrutaremos la vida nueva, maravillosa y emocionante que Dios tiene preparada para nosotros.

6

Medite en las cosas de Dios

Por nada estéis afanosos, sino sean conocidas vuestras peticiones delante de Dios en toda oración y ruego, con acción de gracias. Y la paz de Dios, que sobrepasa todo entendimiento, guardará vuestros corazones y vuestros pensamientos en Cristo Jesús.

Filipenses 4:6,7

6

Medite en las cosas de Dios

Si no quiere ser desolado por el desánimo, entonces no piense en sus desilusiones.

¿Sabia usted que sus sentimientos están ligados a sus pensamientos? Si no cree que esto es cierto, solo tome veinte minutos y piense nada más que en sus problemas. Le aseguro que al final de esos veinte minutos sus sentimientos — y hasta su semblante — habrá cambiado. Sé sentirá deprimido, airado o molesto. Pero su situación no ha cambiado en lo absoluto.

Por eso es que puede ir a la iglesia, cantar himnos, escuchar sermones y entonces salir con el mismo espíritu negativo y la misma perspectiva con la que salió de su casa. Es porque se sentó en la iglesia y se puso a pensar en sus problemas y no en el Señor.

¿Con quién confraterniza?

En una edición de mi revista mensual, hice una pregunta: ¿Confraterniza con Dios o con sus problemas?

La razón por la cual hice esa pregunta fue porque el Señor me preguntó lo mismo una mañana.

Recuerdo que esa mañana me levante con mi mente llena de pensamientos acerca de mis problemas. De repente el Espíritu Santo me hablo y supe por el tono de Su voz que estaba molesto conmigo.

Me dijo, "¿Joyce, vas a confraternizar con tus problemas o conmigo?" Entonces Él continuó diciéndome lo que le estoy diciendo a usted: No medite en sus desilusiones.

A veces eso es un poco difícil entender esto porque el diablo trata fuertemente de hacernos pensar que somos los únicos que tenemos una situación tan difícil.

Eso no es verdad.

Una vez alente a mi hija de gran manera porque me senté con ella y le compartí lo que mi vida había sido desde los dieciocho hasta los veintitrés años de edad. Cuando termine de hablar ella se sintió bendecida por la vida que había tenido.

Como a todos los demás, a ella le habían sucedido cosas inoportunas una que otra vez, pero por años y años mi vida fue un largo y terrible desastre.

Por ejemplo, le dije que para la epoca en yo tenía dieciocho o diecinueve años de edad me encontré muchas veces sentada en una casa de alojamiento en Oakland, California, tres mil millas lejos de mi casa, sin automóvil, sin televisión, sin teléfono y sin nadie para cuidarme. Le conte que todas las noches me sentaba a escribir poemas tristes y me tenía lastima de mi misma. Al día siguiente me levantaba y me iba a trabajar, solo para regresar a lo mismo.

"Gracias a Dios que tienes una buena familia, un buen trabajo, un buen hogar y un buen automóvil," le dije, "porque yo no tuve nada de esas cosas."

Cuando termine de contarle mi historia, ella se sentía alentada y entusiasmada con sus futuros planes y prospectos.

Esa es la decisión a la que todos tenemos que enfrentarnos. Nos podemos entusiasmar al pensar en todo lo que tenemos o podemos llegar a tener, o nos podemos desanimarnos pensando en todo lo que no tenemos.

La realidad es esta: no lo tenemos y pensar en tenerlo no va a cambiar nada. Nos gustaría pensar que eso cambia las cosas, pero no lo hace.

Si queremos vencer la desilusión, evitar el desánimo y decirle adios a la desolación, tenemos que ser realistas y tratar con los hechos.

El hecho es lo siguiente, tan malas como pueden parecer las cosas, todavía tenemos una opción. Podemos confraternizar con nuestro problema o confraternizar con Dios.

No importa lo que hemos perdido o cuan mal nos sentimos, todavía tenemos la habilidad pensar en lo positivo y no en lo negativo.

¡Piense en estas cosas!

> Por lo demás, hermanos, todo lo que es verdadero, todo lo honesto, todo lo justo, todo lo puro, todo lo amable, todo lo que es de buen nombre; si hay virtud alguna, si algo digno de alabanza, en esto pensad.

Filipenses 4:8

En el versículo 6 y 7 de este pasaje se nos dice que si tenemos un problema no debemos estar preocupados o ansiosos, pero que debemos llevarlo al Señor en oración. Se nos ha prometido que si hacemos eso, la paz del Señor nos mantendrá alejados del temor y la ansiedad, y guardará de nuestra mente y corazón.

Pero aquí en el versículo 8 vemos que hay otra cosa que tenemos que hacer para recibir y disfrutar el maravilloso gozo y la preciosa paz del Señor. Tenemos que tomar el control de nuestros pensamientos. Tenemos que dirigir nuestra mente hacia lo positivo y lejos de lo negativo.

Podra notar que lo primero que nos dice que debemos hacer es pensar en lo verdadero. Eso no quiere decir que debemos pensar en las cosas negativas que nos han sucedido en el pasado porque verdaderamente sucedieron.

Hay una diferencia entre lo verdadero y los hechos. Las cosas que han sucedido en el pasado son hechos, pero Jesús y la Palabra son la verdad — y la verdad es más grande que los hechos.

Se lo explicaré usando un ejemplo de la vida de una amiga de nosotros.

Hace un tiempo el esposo de mi amiga murió y paso a morar con el Señor. Ahora él está en el cielo y no lo volvera a ver hasta que ella llegue ahí.

Eso es un hecho.

Sin embargo, la verdad es que su vida no ha terminado y que ella tiene mucho porque vivir. El diablo no quiere que ella crea eso, pero esa es la verdad.

El hecho es que el hombre joven con quien

63

mi hija estaba comprometida le mintió y la lastimo profundamente. Pero la verdad es que su vida no terminó con esa desilusión. La verdad es que todavía tenía toda una vida por delante — una vida llena de bendiciones.

El hecho es que había perdido a su novio, pero la verdad era que todavía tenia un futuro, un buen hogar, una familia cristiano, su propio automóvil, un buen trabajo, amigos que la amaban y el amor de Dios.

Esta pedida ocurrió poco antes de que cumpliera diecinueve años de edad. Que regalo de cumpleaños tan especial, ¿verdad? Pero en vez de ponerse triste y amarga, ella decidió escoger una nueva perspectiva y un nuevo rumbo para su vida.

Ella dijo, "¡Mañana cumplo diecinueve años y he decidio que es el primer día del resto de mi vida!"

Estuve tan impresionada con su actitud y su punto de vista que le compre un pequeño diario y le dije, "Escribe en este libro todos los milagros que Dios hará por ti en este próximo año. Lo leeremos y celebraremos juntos el año que viene cuando cumplas veinte."

Y así lo hicimos.

Eso es lo que usted y yo tenemos que hacer. No siempre tenemos el poder para evitar los desalientos, pero sí tenemos el poder para escoger como vamos a reaccionar contra ellos.

O permitimos que nuestros pensamientos moren en lo negativo, hasta el punto de desanimarnos y desolarnos, o enfocamos nuestra atención en las cosas buenas que han sucedido en nuestra vida — y todas las cosas buenas que Dios tiene preparadas para nosotros.

7

Esperanza y expectativa

A fin de conocerle, y el poder de
su resurrección, y la participación
de sus padecimientos, llegando a
ser semejante a él en su muerte,
Filipenses 3:10

7

∞

Esperanza y expectativa

En este versículo Pablo dice que él había hecho algo que todos nosotros tenemos que hacer: él se había trazado una meta.

Usted y yo tenemos que tener una meta. Debemos tener esperanza, dirección y expectativa en la vida.

A veces las personas pierden su dirección y expectativa cuando han sido decepcionadas una y otra, y una y otra vez. Tienen miedo a colocar su esperanza en cualquier cosa o persona por temor a ser desilusionados una vez mas. Ellos odian tanto el dolor de la decepción que prefieren no creer en nada a correr el riesgo de ser heridos nuevamente.

Lo triste es que en el juego de la vida ellos son los perdedores y no los ganadores porque la victoria viene a través del riesgo.

El dolor engendra sospecha

> Si en alguna manera llegase a la
> resurrección de entre los muertos.
> *Filipenses 3:11*

Cuando una muchacha ha sido herida dos o
tres veces por un muchacho al que ella quiere
mucho, ella puede pensar, *Nunca confiaré en
otra persona.*

Eso es exactamente lo que el diablo quiere
que hagamos.

Si usted y yo tenemos amigos que nos
fallan o nos dejan caer al suelo, Satanás quiere
que digamos, "Basta, jamás confiaré en otra
persona". Cuando hacemos esto, estamos
cayendo en la trampa del enemigo.

Alguien dijo una vez: "Si te hieren, sospe-
charás de otros".

Eso puede ser cierto, pero es sencillamente
otro de los mecanismos que el enemigo utiliza
para engañarnos y evitar que alcancemos la
meta que Dios nos ha dado en la vida.

Satanás quiere que creamos que todas las
personas son como las que nos han herido.

Pero no lo son.

El enemigo trata de tomar unas malas experiencias y utilizarlas para convencernos que no

debemos confiar en nadie en la vida.

Si ha sido herida, no comience a pensar que no puede confiar en nadie. Si lo hace, permitirá que Satanás le robe muchas de las grandes bendiciones que Dios tiene para usted.

El apóstol Pablo tenía una meta; un sueño espiritual. Él quería llegar al punto donde pasara lo que pasara, sus circunstancias no afectarían o evitarían que él viviera su vida en la tierra al máximo potencial mientras que cumplía con los propósitos de Dios.

Para lograr esta meta tenía que tomar riesgos. Además de confiar en Dios, él tenía que confiar en otras personas. Tenía que arriesgarse a la perdida y al dolor.

Nosotros debemos arriesgarnos de la misma forma. Tenemos que seguir adelante a pesar de todo lo que el enemigo nos arroje en el camino para intentar desanimarnos. El diablo quiere que nos rindamos y que no lleguemos a la meta.

¡Siga adelante!

No que lo haya alcanzado ya, ni que ya sea perfecto; sino que prosigo, por ver si logro asir aquello para lo cual fui también asido por Cristo Jesús. Hermanos, yo mismo no pretendo haberlo ya alcanzado; pero una cosa hago: olvidando ciertamente lo que queda atrás, y extendiéndome a lo que está delante, prosigo a la meta, al premio del supremo llamamiento de Dios en Cristo Jesús.

Filipenses 3:12-14

En el versículo 12, Pablo dice que aunque no haya llegado a su meta o logrado su ideal, él no se rinde. Al contrario, seguía marchando hacia delante.

Luego, en el versículo 13, él continúa diciendo que había una cosa que él hacia.

Esta única cosa nos debe de ser de interés y importancia porque proviene del hombre que escribió dos terceras partes del Nuevo Testamento por revelación del Espíritu Santo.

¿Cuál fue ese único principio por el cual Pablo basaba en su vida? ¿Cuál fue ese principio al que él acreditaba el cumplimiento de sus sueños y metas?

Hay dos partes en este principio: Lo primero es olvidar lo que ha sucedido en el pasado y seguir adelante con sus metas. Esto es una enseñanza que todos tenemos que aprender.

Por ejemplo, considere a la mujer que perdió a su esposo. Cuando decimos que debemos olvidar el pasado y caminar hacia el futuro, no estamos sugiriendo que ella se olvide de su esposo. Estamos diciendo que ella estará en problemas si piensa demasiado en su pasado. Estará viviendo en el pasado en vez de seguir hacia el futuro.

Me acuerdo de una mujer en nuestra iglesia cuyo hijo murió de leucemia a la edad de dieciséis años. Todos nosotros habíamos orado y creído en Dios para que él fuese sanado, pero no sucedió. Pero el Señor sostuvo a esta madre joven aún en medio de su trágica perdida.

Un día después del funeral, ella estaba lavando la ropa cuando se encontró con una camisa de su hijo. Al ver la camisa la abrazo y comenzó a llorar incontrolablemente. Ella nos dijo después que sintió cuando la amargura comenzó a llenar su ser.

Entendiendo lo que le estaba sucediendo, ella comenzó a proclamar el nombre de Jesús en voz alta. Agarrando una de las camisas de su hijo, ella declaró: "Satanás ¿ves esto? Voy a usarla como manto de alabanza. ¡No voy a hundirme en la amargura. Me voy a levantar en adoración!

Es natural afligirnos por algo que ha sucedido en el pasado, pero solo hasta cierto punto y únicamente hasta cierto momento. Tarde o temprano tenemos que enfrentar nuestra aflicción y perdida, y decidir dejarla atrás para continuar con nuestra vida.

Cuando Pablo estaba hablando de imperfecciones hablaba de olvidarse de lo que esta atrás y extenderse hacia lo que está por delante. Pero, podemos aplicar el principio a todos los aspectos de la vida.

Si vamos a cumplir con el llamado de Dios en nuestra vida y vamos a hacer todo para lo que nos ha ungido, entonces tenemos que hacer como Pablo: forjarnos una meta y seguir tras ella.

8

Una cosa nueva

No os acordéis de las cosas pasadas, ni traigáis a memoria las cosas antiguas. 19 He aquí que yo hago cosa nueva; pronto saldrá a luz; ¿no la conoceréis? Otra vez abriré camino en el desierto, y ríos en la soledad.

Isaías 43:18,19

8

Una cosa nueva

Al tratar con el pasado, debemos evitar el peligro de permitir que éste nos mantenga en aflicción a causa de lo que ha sucedido. Al contrario, debemos tener gratitud por lo que tenemos y anticipación de lo que esta por venir.

Al comenzar mi propio ministerio tuve que renunciar a una posición de pastora asociada en una iglesia. Fue algo muy difícil de hacer y por mucho tiempo me afligí pensando en las relaciones que perdí con personas en esa iglesia. Pasaba mucho tiempo pensando en las cosas que compartíamos juntos, y de las cuales ya yo no era parte.

Tenía que despojarme del pasado y seguir adelante, pero mi mente y mis emociones todavía estaban viviendo en el pasado. Finalmente gane la victoria. Me entusiasmé con el futuro, pero a la misma vez todavía estaba desilusionada de haber perdido la posición y las relaciones cercanas que teníamos con esas personas.

La desilusión estaba adversamente afectando el gozo de mi nuevo ministerio. Era un tiempo muy confuso para mí, pero a través de esa experiencia aprendí mucho sobre cómo dejar el pasado y extenderme a lo que esta por delante.

Una y otra vez Dios tiene que recordarme, "Tienes que dejar lo que está atrás. El pasado ya no es tu vida. Ahora estoy haciendo cosa nueva."

¡YO SOY!

> Y respondió Dios a Moisés: YO SOY EL QUE SOY. Y dijo: Así dirás a los hijos de Israel: YO SOY me envió a vosotros. Además dijo Dios a Moisés: Así dirás a los hijos de Israel: Jehová, el Dios de vuestros padres, el Dios de Abraham, Dios de Isaac y Dios de Jacob, me ha enviado a vosotros. Este es mi nombre para siempre; con él se me recordará por todos

los siglos.

Éxodo 3:14,15

Si nos concentramos mucho en el pasado vamos a meternos en problemas. Por eso es que de vez en cuando el Señor tiene que recordarnos de la misma forma que lo hizo con los israelitas: Él es el YO SOY, no el YO FUI.

Necesitamos recordar todas las cosas buenas que Dios ha hecho por nosotros en el pasado, como lo hizo por Abraham, Isaac, Jacob y por todos los hombres y mujeres fieles de la Biblia. No podemos estar tan apegados a las victorias y los gozos del pasado que fallemos en apreciar y disfrutar lo que Dios está haciendo ahora — y lo que está preparando para el futuro.

En Juan 8:58 leemos, "Jesús les dijo: De cierto, de cierto os digo: Antes que Abraham fuese, yo soy." En Hebreos 13:8 leemos: "Jesucristo es el mismo ayer, y hoy, y por los siglos."

¡Así debe ser nuestra fe: eterna, sin limites de tiempo, sin cambiar — una fe para el ahora!

¡No mire hacia atrás!

Y Jesús le dijo: Ninguno que poniendo su mano en el arado mira hacia atrás, es apto para el reino de Dios.

Lucas 9:62

Dios no nos quiere viviendo en el pasado. Él sabe que aunque pudiéramos retroceder el tiempo y recrear todo como lo era en "los días buenos", las cosas no serian iguales. ¿Sabe por qué? Porque eso era entonces y esto es ahora.

El pasado se fue; esta perdido en los recesos del tiempo. Ahora es hoy. Tenemos un Dios del ahora, somos gente del ahora, y debemos vivir la vida ahora — un día a la vez.

Muchas veces las personas pierden su gozo porque tenían algo en su pasado que los mantenía contentos pero que ahora no existe. Muchos viven en el mover de Dios del ayer, el mover que ya no existe.

Es triste que no exista, pero así es y no hay nada que usted y yo podemos hacer. Al contrario, tenemos que aprender a vivir en el presente. Dios se está moviendo ahora — gocemos el presente.

Tenemos que dejar el pasado detrás y seguir adelante con lo que Dios está haciendo hoy en nuestra vida.

Gracias a Dios que podemos seguir adelante con lo que Él tiene para nosotros. Y mientras el futuro llega debemos mantener las manos en el arado y dejar de fijar la mirada en lo que fue una vez, pero nunca más será.

¿Virar hacia atrás o seguir adelante?

> Porque los que esto dicen, claramente dan a entender que buscan una patria; pues si hubiesen estado pensando en aquella de donde salieron, ciertamente tenían tiempo de volver. Pero anhelaban una mejor, esto es, celestial; por lo cual Dios no se avergüenza de llamarse Dios de ellos; porque les ha preparado una ciudad.
>
> *Hebreos 11:14-16*

Este pasaje se refiere a los israelitas que salieron de Egipto, pero que tuvieron que atravesar tiempos difíciles antes de llegar a la tierra prometida.

También dice que si ellos hubieran tenido pensamientos de nostalgia — recordando el país que dejaron — hubieran tenido la amplia oportunidad de regresar. En cambio, ellos siguieron adelante a pesar de los obstáculos y las dificultades porque buscaban una tierra nueva que Dios les había preparado.

Esa es la decisión que usted y yo tenemos que hacer. Podemos escoger mirar hacia atrás con nostalgia o podemos mirar hacia delante con gozosa anticipación.

Este pasaje no sugiere que nunca debemos recordar los tiempos buenos del pasado o a los seres queridos que han fallecido. Pero sí sugiere que no debemos fijar nuestra mente y corazón constantemente en el pasado, porque si lo hacemos perderemos lo que Dios tiene preparado para el futuro.

Por eso es que tenemos que hacer una promesa de no malgastar nuestras vidas pensando en lo que queda atrás, sino que debemos extendernos a lo que está delante.

Este es un mensaje para *hoy*. Es algo que podemos y debemos hacer hoy y todos los días que vivamos.

Yo pensaba que este mensaje sobre olvidar el pasado aplicaba únicamente a los errores y las fallas previas. Pero un día entendí que me sentía miserable al constantemente revivir las victorias y los logros del pasado.

Cuando algo termina debemos dejar que la cortina caiga y seguir hacia lo próximo sin hacer comparaciones. No debemos comparar los logros y las victorias del presente con las del pasado. Si lo hacemos, abriremos nuestro espíritu al desánimo o el orgullo.

Debemos disfrutar nuestra vida completamente a través de lo que experimentamos en el presente. Esto lo logramos cuando no comparamos las experiencias de hoy con las del pasado.

Por eso es que el Señor nos dice en Isaías 43:18,19 que no debemos recordar las cosas antiguas, ni considerar las cosas viejas. ¿Por qué? Porque ya no son y Dios está haciendo cosas nuevas. Se hacen realidad ante nuestros ojos y necesitamos percibirlas y prestarles atención. Esa es la única forma de participar y recibir los beneficios de las cosas de Dios.

Siembre con lágrimas, siegue con regocijo

> Los que sembraron con lágrimas,
> con regocijo segarán.
>
> *Salmo 126:5*

No importa lo que nos ha sucedido en el pasado, o lo que nos esté sucediendo ahora — nuestra vida no ha terminado. No debemos dejar que el enemigo nos convenza de esto.

El enemigo nos dirá que hemos cometido un error de más, y que ahora es muy tarde para nosotros.

No debemos escucharle. Al contrario, debemos decirle, "Satanás tu eres un mentiroso y el padre de la mentira. Este es un nuevo día y estoy esperando un milagro."

La razón por la cual debemos atravesar la

vida esperando un milagro en cualquier momento es porque nunca sabemos cuando va a llegar. Nunca sabemos cuando Dios va a hacer algo especial por nosotros. Eso es lo que hace la vida más emocionante.

El diablo quiere que nosotros pensemos que nuestro momento y nuestro milagro nunca llegarán. Pero si nos mantenemos arraigados y edificados en Cristo, eventualmente nuestro momento llegará y nuestro milagro sucederá.

Pero tenemos que estar preparados para cuando llegue. Para hacerlo tenemos que detener a Satanás y evitar que nos desilusione hasta el punto de rendirnos y renunciar. Si lo hacemos, entonces no importa lo que Dios ha planificado para nosotros, no sucederá.

Por eso es que Dios nos sigue incitando a través de la Biblia a no desmayar. Él sabe que aunque, "...por la noche durará el lloro, y a la mañana vendrá la alegría", (Salmo 30:5).

Dios terminará Su obra

> Estando persuadido de esto, que el que comenzó en vosotros la buena obra, la perfeccionará hasta el día de Jesucristo.
>
> *Filipenses 1:6*

Dios nunca comienza algo que Él no piensa

terminar. Él es el autor y consumador, (Hebreos 12:2).

Muy a menudo el problema no es Dios, somos nosotros. Estamos estancados en el pasado, en las cosas viejas, y fallamos en percibir y atender lo nuevo que Dios está haciendo hoy y ahora. La razón por la cual no podemos prestarle atención a lo nuevo es porque todavía estamos aferrados a lo viejo.

Lo que Dios hizo ayer por nosotros es maravilloso, pero Él tiene la capacidad de hacer el doble hoy y mañana.

La pregunta que tenemos que preguntarnos es: ¿Qué queremos, lo viejo o lo nuevo?

9

Vino nuevo, odres nuevos

Les dijo también una parábola: Nadie corta un pedazo de un vestido nuevo y lo pone en un vestido viejo; pues si lo hace, no solamente rompe el nuevo, sino que el remiendo sacado de él no armoniza con el viejo. Y nadie echa vino nuevo en odres viejos; de otra manera, el vino nuevo romperá los odres y se derramará, y los odres se perderán. Mas el vino nuevo en odres nuevos se ha de echar; y lo uno y lo otro se conservan.

Lucas 5:36-38

9

❧

Vino nuevo, odres nuevos

En los últimos años el Señor me ha dado un nuevo entendimiento de este pasaje.

Yo pensaba que este pasaje aplicaba únicamente a la salvación que recibimos por gracia y no por la ley. Ahora veo que aplica a la nueva forma de pensar y de vivir de aquellos que son una nueva criatura en Cristo.

Siempre queremos alcanzar lo nuevo y aferrarnos a lo viejo. Pero Jesús dice que eso no es posible. Para ilustrar este punto, Él dice en forma de parábola que no debemos cocer un pedazo de ropa nueva y ponerla en vestido nuevo, y que no debemos echar vino nuevo en odres viejos.

El proverbio de la costura

Cualquiera que sabe algo de costura sabe que no podemos usar un pedazo de tela nueva para remendar ropa vieja.

Si trata de remendar un vestido viejo (que ha sido lavado muchas veces y está encogido y descolorido) usando un pedazo de material nuevo, al pasar el tiempo la tela nueva se romperá y se encogerá. Y aún si no, el pedazo nuevo no se verá bien dentro del vestido viejo porque no se ha usado y descolorido.

En ésta parte del proverbio, Jesús nos está diciendo que no debemos tomar nuestra nueva vida y tratar de remendarla a la vieja vida. No funciona.

Tampoco funciona poner vino nuevo en odres viejos.

¿Cuál es mejor?

> Y ninguno que beba del añejo, quiere luego el nuevo; porque dice: El añejo es bueno y mejor.
>
> *Lucas 5:39*

¿Sabe por qué una persona dice que el vino viejo es mejor que el nuevo? Lo dice por la misma razón que usted y yo preferimos la vida vieja. Porque la vieja es mas cómoda.

Muchos de nosotros preferimos la vida vieja

sobre la vida nueva porque estamos acostumbrados a ella. Aunque hay una parte de nosotros que quiere escoger el vino nuevo — o la cosa nueva, o el nuevo día, o el nuevo cambio — hay otra parte de nosotros que quiere aferrarse a lo viejo porque es con lo que más cómodos estamos.

En vez de seguir adelante con el Señor, tratamos de quedarnos donde estamos porque es más fácil.

Seguir adelante es difícil.

Es difícil moverse a una nueva ciudad, establecer nuevas amistades, encontrar un nuevo médico, una nueva escuela y una nueva iglesia. (¡A veces se me hace difícil mover un mueble a un nuevo lugar!) Para nosotros es mejor quedarnos donde estamos y disfrutar de lo que tenemos y conocemos.

Pero lo que tendemos a olvidar es que como cristianos nosotros mismos hemos sido hechos nuevos.

¡Ha llegado lo nuevo!

> De modo que si alguno está en Cristo, nueva criatura es; las cosas viejas pasaron; he aquí todas son hechas nuevas.
>
> *2 Corintios 5:17*

Tenemos que entender que somos nuevas criaturas en Cristo. Hemos sido llamados a una nueva vida en Él. No debemos tener tanto miedo de dejar ir lo que éramos y lo que teníamos que no podemos recibir y disfrutar libremente lo que Dios tiene para nosotros en nuestra vida nueva.

Entendí esto cuando el Señor me habló y me dijo: "¿Joyce, no entiendes que está es la realidad y la fundación para una nueva creación; que las cosas viejas han pasado y todas han sido hechas nuevas?

Esto no es cierto únicamente cuando respondemos al llamado al altar y decidimos seguir a Cristo. Es un principio que debe ser parte del estilo de vida de la nueva criatura.

¡Fuera con lo viejo, entre con lo nuevo!

> Proveyendo Dios alguna cosa mejor para nosotros, para que no fuesen ellos perfeccionados aparte de nosotros.
>
> *Hebreos 11:40*

¿Entiende ya que sus circunstancias aparentan ser peores de lo que realmente son porque las está comparando con su pasado?

Cuando vamos a ministrar en la India, donde la pobreza y las condiciones de vida son absolutamente horrendas, la forma en que vive la gente nos molesta más a nosotros que a ellos. ¿Por qué? Porque no tienen nada a que comparar su forma de vivir.

Lo que las personas en la India tienen hoy es lo que siempre han tenido. Nosotros (el equipo de mi ministerio), por supuesto, vivimos en Estados Unidos, una tierra de abundancia. Por lo tanto, cuando vamos a la India, vemos condiciones de vida que son horribles *comparadas* con las condiciones que siempre hemos conocido.

¿Qué sentido tiene vivir día tras día decepcionado, deprimido y desanimado por causa de la vida vieja que ya no existe?

No se detenga para pensar en las cosas viejas. No se recuerde más de las cosas anteriores. Ahora todo eso está perdido y ha sido reemplazado por algo nuevo y mejor — si sólo lo entendiera.

Continúe buscando las cosas que están por delante.

¿Qué va a hacer cuando la decepción le toque a la puerta? Le puedo asegurar que tarde o temprano llegará porque es un hecho de la vida. Puede ser algo pequeño o algo grande. Puede ser tan insignificante como la lluvia que arruina un pasadia o tan importante como un noviazgo destrozado.

De cualquier manera, la decepción llegará. Cuando pese sobre usted como una piedra, tendrá la opción de dejar que el peso lo desanime y desole, o puede usarla como un escalón para subir a lugares más altos y cosas mejores.

Es imposible tener un vida positiva mientras nos sentarmos a pensar negativamente. Eso no funciona. Mientras más piense en sus desilusiones y decepciones, más disgustado se va a sentir. Y si se queda desilusionado y decepcionado mucho tiempo terminará desolado. Y cuando llega a la desolación entonces tiene un gran problema.

¡Pero, Dios tiene cosas mejores para usted!

Este es un día nuevo. Así que la próxima vez que la decepción le toque a la puerta prepárese para empesar de nuevo. Adáptese y ajuste su forma de pensar. Olvidando ciertamente lo que queda atrás, y extendiéndonos a lo que está delante.

Recuerde que el Señor está haciendo algo nuevo en su vida. Olvide el pasado y aprenda a vivir en la plenitud y el gozo de la vida nueva que Él ha preparado para usted.

Conclusión

Para que habite Cristo por la fe en
vuestros corazones, a fin de que,
arraigados y cimentados en amor.
Efesios 3:17

Lo aliento a que tenga cuidado en donde
deposita su confianza y su esperanza.

En Efesios 3:17 se nos dice que seamos
arraigados y cimentados en amor. Que seamos
arraigados y cimentados en el amor de Cristo,
no en otras personas u otras cosas (hijos,
amigos, trabajo, ministerio, etc.).

La Biblia dice que Jesús es la roca. Él es la
roca inmovible.

Si sus raíces crecen firmes alrededor de la
Roca, usted podrá decir, "Ah, que bien," y

continuar andando cuando se enfrente a decepciones pequeñas. Cuando se enfrente a las decepciones grandes entonces podrá recibir sanidad emocional del Señor y podrá seguir adelante gracias a Su poder.

¡Si está arraigado y cimentado en cualquier otra cosa, terminará decepcionado, desanimado, deprimido y desolado porque nada ni nadie puede sustituir a la Roca Sólida: Jesús!

Aprenda a adaptarse. ¡Puede hacerlo! ¿Por qué debe hacerlo? Por su propio bien.

Cuéntelo como un privilegio el adaptarse a diferentes personas y situaciones.

No piense en la decepción que tiene en su vida. Suelte eso y permita que Dios se haga cargo de usted. Enfréntese a la decepción desde su comienzo y sea rápido en hacer los ajustes requeridos para remediar la situación.

En vez de concentrarse en sus problemas y desilusionarse, enfoque su mira en Dios. Medite en sus promesas. Confíe en Su Palabra y entréguele a Él su situación.

Haga un inventario de lo que tiene y no de lo que ha perdido. Esto le hará mantener su mente en el presente — donde Dios está. Recuerde que Jesús dijo de sí mismo, "YO SOY," no "YO FUI" ni "YO SERE." Él está aquí en este momento, listo para ayudarle. ¡Hoy puede comenzar a disfrutar la vida!

Parte 2

∞

Escrituras

Escrituras para combatir el desánimo

[Que va a ser de mí] Hubiera yo desmayado, si no creyese que veré la bondad de Jehová en la tierra de los vivientes. Aguarda a Jehová; esfuérzate, y aliéntese tu corazón; sí, espera a Jehová.

Salmo 27:13,14

A toda perfección he visto fin; amplio sobremanera es tu mandamiento.

Salmo 119:96

Como diente roto y pie descoyuntado es la confianza en el prevaricador en tiempo de angustia.

Proverbios 25:19

Porque yo sé los pensamientos que tengo acerca de vosotros, dice Jehová, pensamientos de paz, y no de mal, para daros el fin que esperáis.

Jeremías 29:11

Mas yo a Jehová miraré, esperaré al Dios de mi salvación; el Dios mío me oirá.

Miqueas 7:7

Unánimes entre vosotros; no altivos, sino asociándoos con los humildes. No seáis sabios en vuestra propia opinión.

Romanos 12:16

No os venguéis vosotros mismos, amados míos, sino dejad lugar a la ira de Dios; porque escrito está: Mía es la venganza, yo pagaré, dice el Señor.

Romanos 12:19

Fiel es Dios, por el cual fuisteis llamados a la comunión con su Hijo Jesucristo nuestro Señor.

1 Corintios 1:9

Antes bien, como está escrito: Cosas que ojo no vio, ni oído oyó, ni han subido en corazón de hombre, son las que Dios ha preparado para los que le aman.

1 Corintios 2:9

Mas a Dios gracias, el cual nos lleva siempre en triunfo en Cristo Jesús, y por medio de nosotros manifiesta en todo lugar el olor de su conocimiento.

2 Corintios 2:14

No nos cansemos, pues, de hacer bien; porque a su tiempo segaremos, si no desmayamos.

Gálatas 6:9

...en amor habiéndonos predestinado para ser adoptados hijos suyos por medio de Jesucristo, según el puro afecto de su voluntad, para alabanza de la gloria de su gracia, con la cual nos hizo aceptos en el Amado, ...

Efesios 1:5,6

Y a Aquel que es poderoso para hacer todas las cosas mucho más abundantemente de lo que pedimos o entendemos, según el poder que actúa en nosotros, ...

Efesios 3:20

Y vosotros, hermanos, no os can-
séis de hacer bien.

2 Tesalonicenses 3:13

Oración para vencer el desánimo

Padre, tu Palabra es lámpara a mis pies y lumbrera a mi camino.

Guárdame, te pido, de poner mis esperanzas y expectativas en personas como yo, porque somos capaces de decepcionarnos los unos a los otros.

Desato ahora el perdón hacia esas personas que me han fallado en el pasado y dejo ir las memorias dolorosas de esas decepciones.

Aumenta tú en mí, Señor, que pueda ser más y más cómo tú, y menos como yo.

Te pido estas cosas en el nombre de Jesús. Amén.

Oración para recibir una relación personal con el Señor

Más que nada, Jesús quiere salvarle y llenarle con Su Espíritu Santo. Si nunca ha invitado a Jesús, Príncipe de paz, a que sea su Señor y Salvador, lo invito a que lo haga ahora mismo. Ore la siguiente oración, y si es sincero, va a experimentar una vida nueva en Cristo.

Padre,

Tú amaste al mundo tanto, que enviaste a tu Hijo unigénito para que muriera por nuestros pecados, para que todo aquel que en Él cree no se pierda, mas tenga vida eterna. Tu Palabra dice que somos salvos por gracia a través de la fe y esa gracia es un regalo tuyo. No hay nada que podamos hacer para ganar-

nos la salvación. Creo y confieso con mi boca que Jesucristo es tu Hijo, el Salvador del mundo. Creo que Él murió en la cruz por mí y cargó todos mis pecados, pagando el precio por ellos. Creo en mi corazón que Tú resucitaste a Jesús de entre los muertos.

Te pido que perdones mis pecados. De acuerdo con tu Palabra, soy salvo y ¡voy a pasar la eternidad contigo! Gracias, Padre, estoy agradecido. En el nombre de Jesús. Amén.

Vea Juan 3:16; Efesios 2:8,9; Romanos 10:9,10; 1 Corintios 15:3,4; 1 Juan 1:9; 4:14-16; 5:1, 12, 13.

Sobre la autora

Joyce Meyer ha venido enseñando la Palabra de Dios desde 1976 y en ministerio a tiempo completo desde 1980. Como pastora asociada en la iglesia Life Christian Center en St. Louis, Missouri, desarrollaba, coordinaba y enseñaba una reunión semanal conocida como "Vida en la Palabra". Después de más de cinco años, el Señor lo terminó, guiándola a establecer su propio ministerio y llamarlo "Vida en la Palabra, Inc."

La transmisión radial y televisiva de "Vida en la Palabra" de Joyce se transmiten a través del mundo. Sus casetes de enseñanza son disfrutados por muchos a nivel internacional. Viaja extensamente dando conferencias de Vida en la Palabra. Joyce y su esposo, Dave, administrador de Vida en la Palabra, han estado casados por más de 33 años y tienen cuatro hijos. Los cuatro están casados y tanto ellos como sus conyugues trabajan junto a Dave y Joyce en el ministerio. Joyce y Dave residen en St. Louis, Missouri.

Joyce cree que el llamado de su vida es establecer creyentes en la Palabra de Dios. Dice: "Jesús murió para liberar a los cautivos, y demasiados cristianos llevan vidas mediocres o derrotadas". Habiéndose encontrado en la misma situación hace muchos años, y habiendo encontrado la liberación para vivir en victoria mediante la aplicación de la Palabra de Dios, Joyce anda equipada para liberar a los cautivos y para cambiar cenizas por belleza. Joyce cree que cada persona que camina en victoria sirve de ejemplo para que otros puedan hacer lo mismo. Joyce lleva una vida transparente y sus enseñanzas son practicas y pueden ser aplicadas a la vida diaria.

Joyce ha enseñado acerca de la sanidad emocional y temas relacionados en reuniones por todo el mundo, ayudando a muchos miles. Ha grabado más de 200 distintos álbumes de audio casetes y es autora de más de 40 libros que ayudan al Cuerpo de Cristo en diversos tópicos.

Su "Paquete de sanidad emocional" (disponible en inglés) contiene más de 23 horas de enseñanza sobre el tema. Los albumes incluidos en este paquete son: "Confianza";

"Belleza por cenizas"; "Controlando sus emociones"; "Amargura, resentimiento y falta de perdón"; "Raiz de rechazo"; y una cinta de 90 minutos con Escritura y música, titulada "Sanando a los acongojados". El "Paquete mental"(disponible en inglés) de Joyce tiene cinco diferentes series de audiocasetes sobre el tema de la mente.

––––––––––

Otros títulos en esta serie:

¡Ayúdenme, siento soledad!

¡Ayúdenme, siento miedo!

¡Ayúdenme, siento estrés!

¡Ayúdenme, siento preocupación!

¡Ayúdenme, siento depresión!

¡Ayúdenme, siento inseguridad!

Para localizar a la autora:
Joyce Meyer Ministries
P.O. Box 655
Fenton, Missouri 63026
Tel: (636) 349-0303

En Canadá:
Joyce Meyer Ministries Canada, Inc.
Lambeth Box 1300
London, ON N6P 1T5
Tel: (636) 349-0303

En Australia:
Joyce Meyer Ministries-Australia
Locked Bag 77
Mansfield Delivery Centre
Queensland 4122
Tel: (07)33491200

En Inglaterra:
Joyce Meyer Ministries
P.O. Box 1549
Windsor
SL4 1GT
Tel: 01753-831102

www.joycemeyer.org

Por favor, cuando escriba, incluya su testimonio o
ayuda recibida como resultado de leer este libro.
Su solicitud de oración es bienvenida.